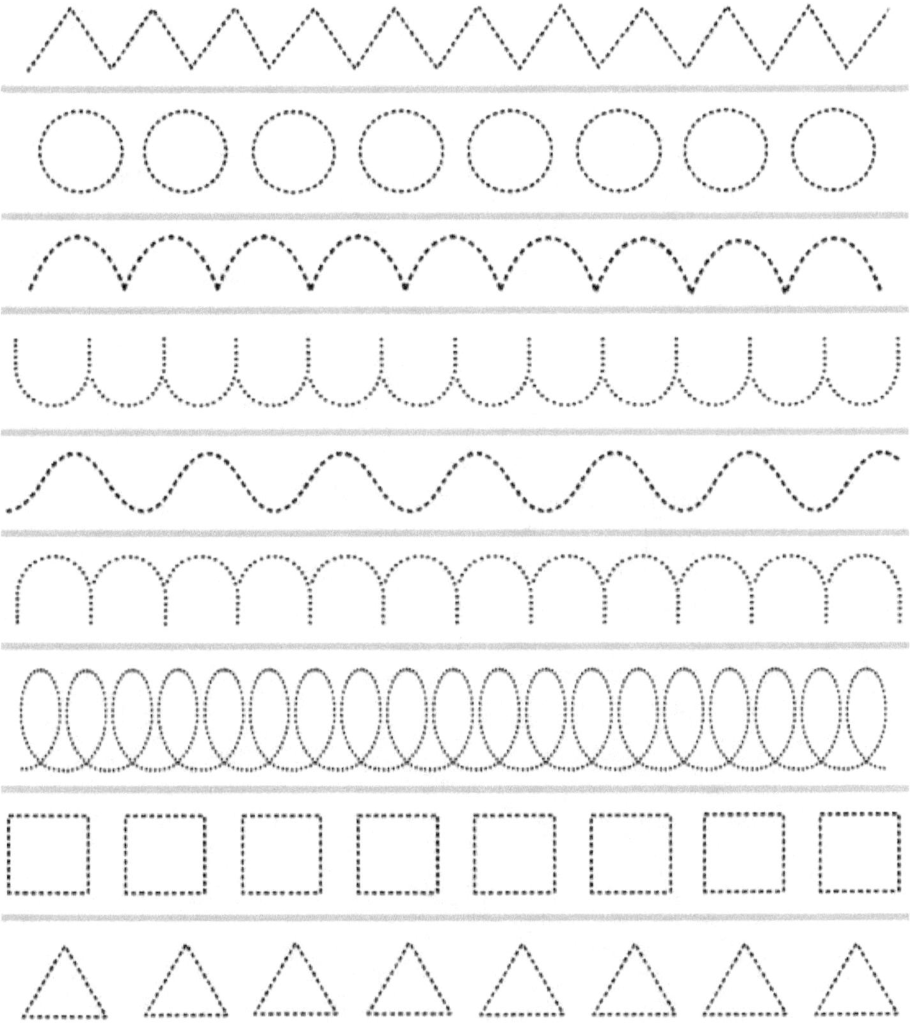

C
F
A
L
J
H
N
R
O
T
Z
X
V

A a

A A A A A A

A A A A A A

a a a a a a

a a a a a a

âne

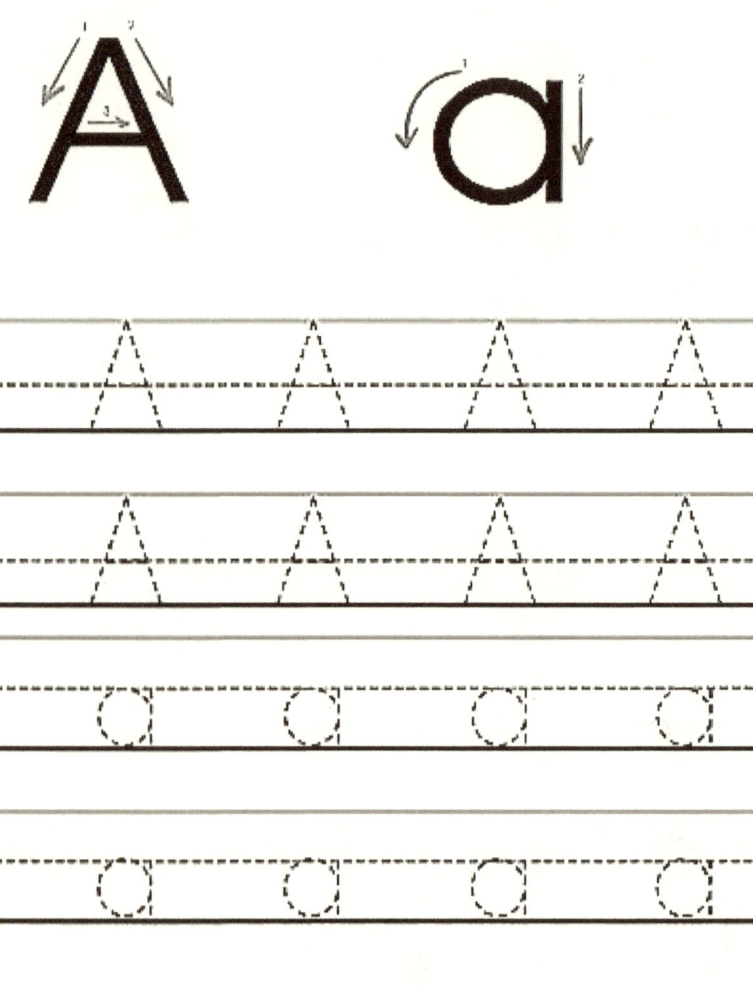

avion

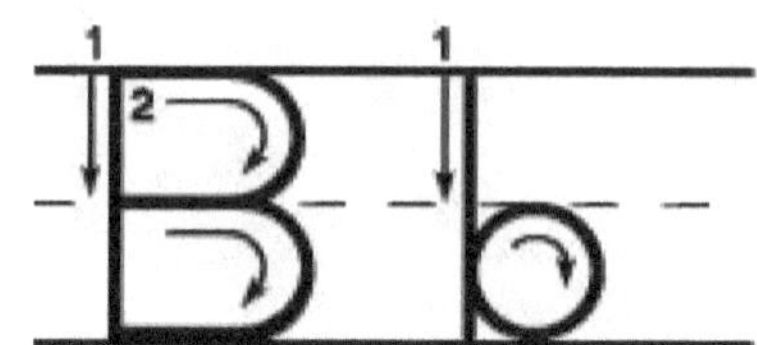

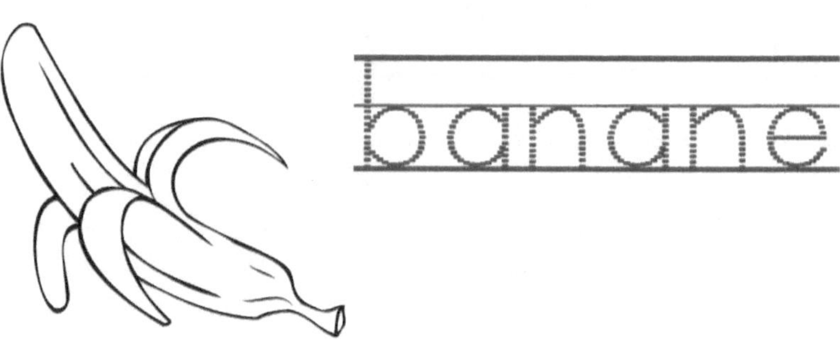

banane

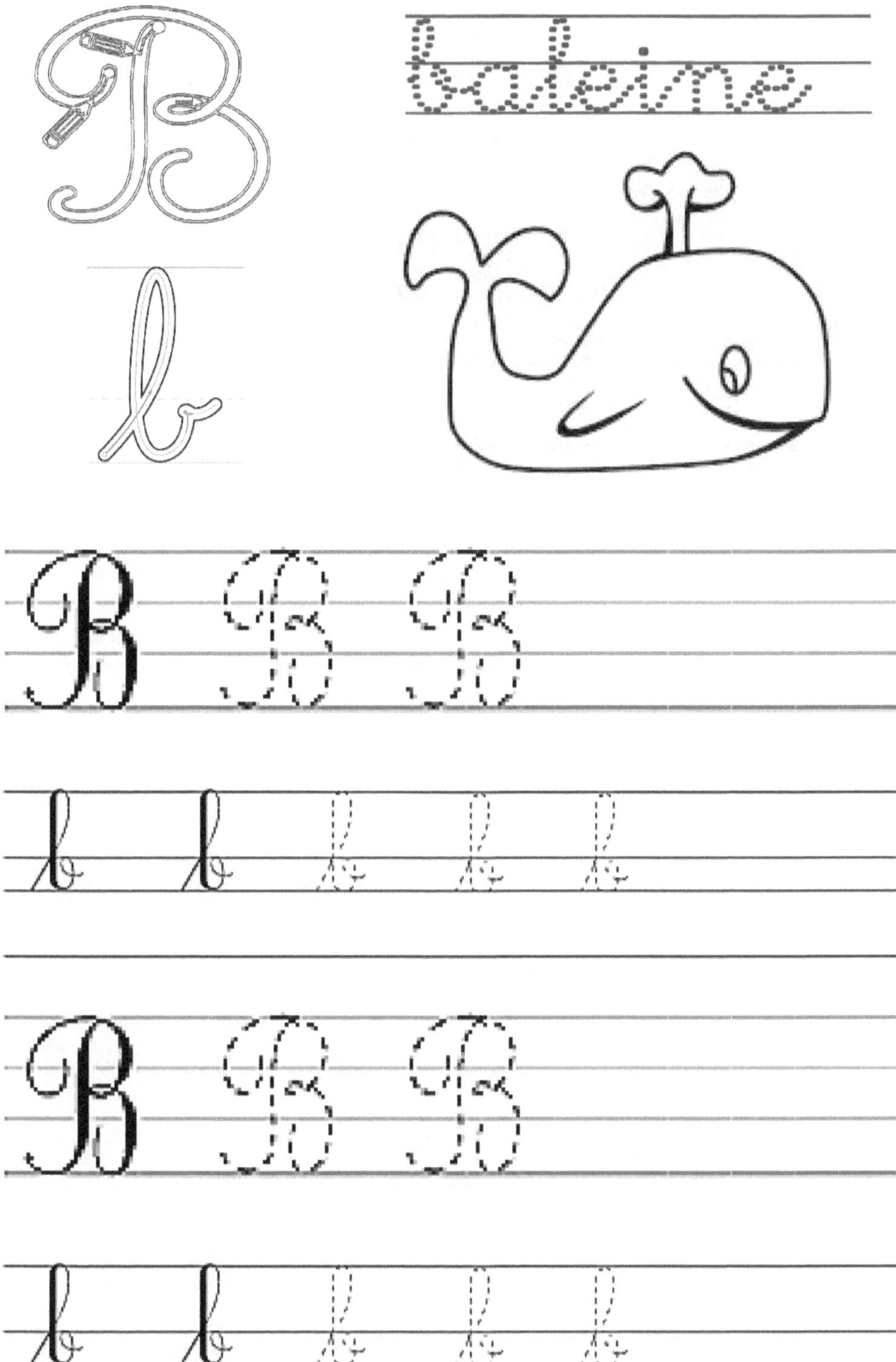

baleine

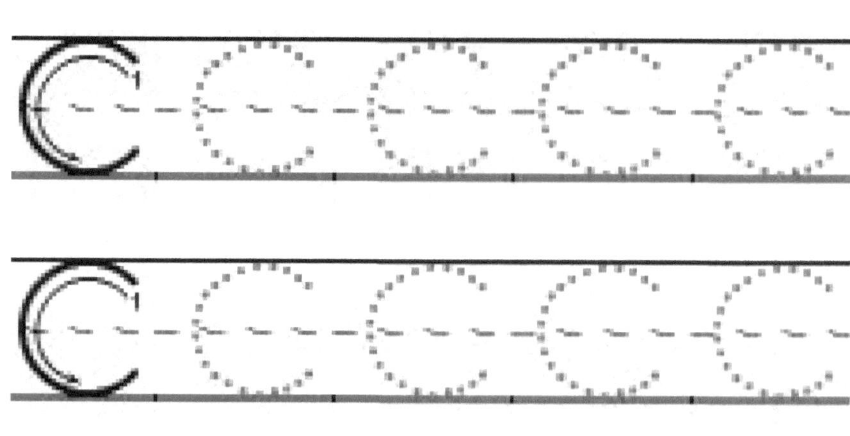

canard

cœur

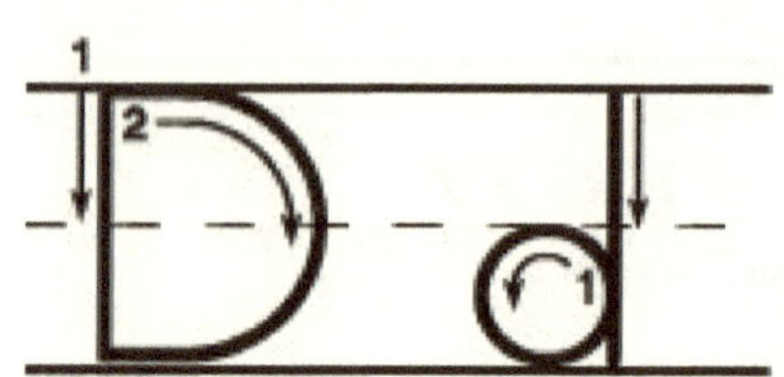

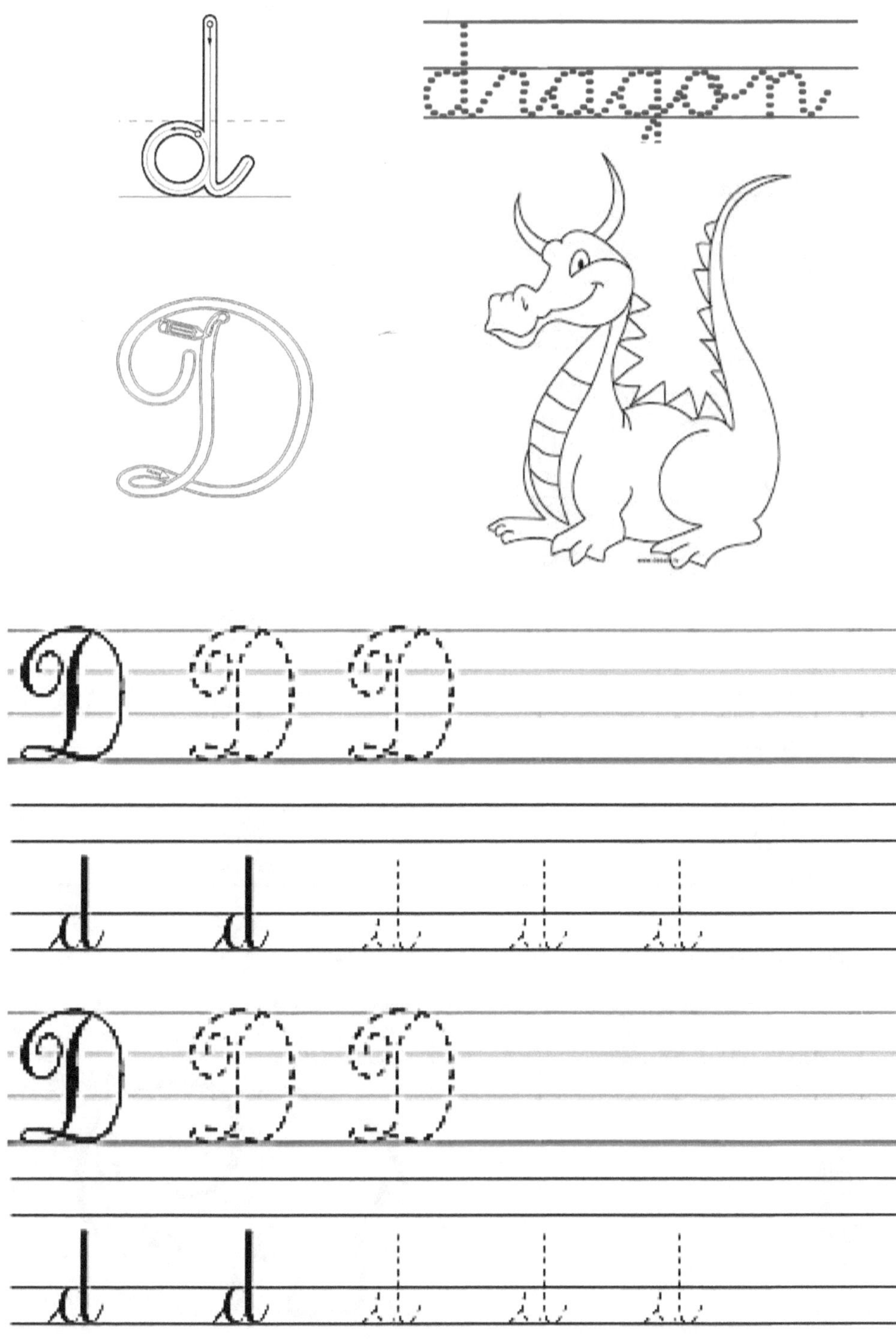
dragon

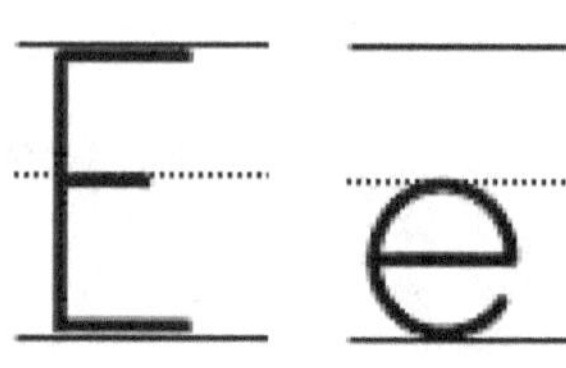

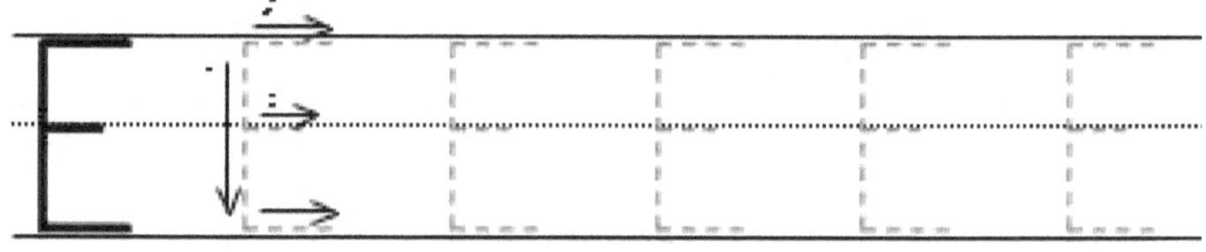

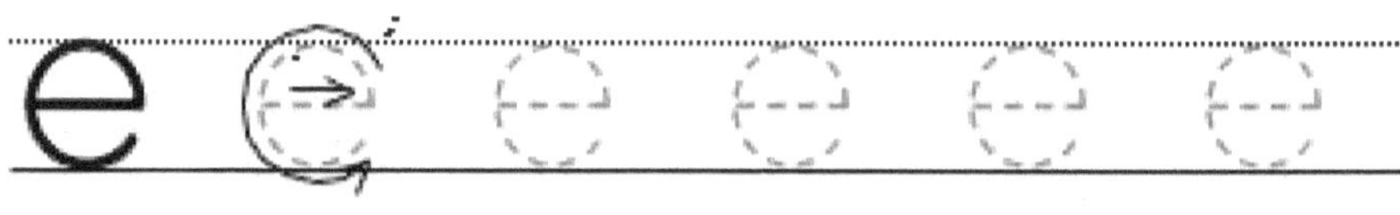

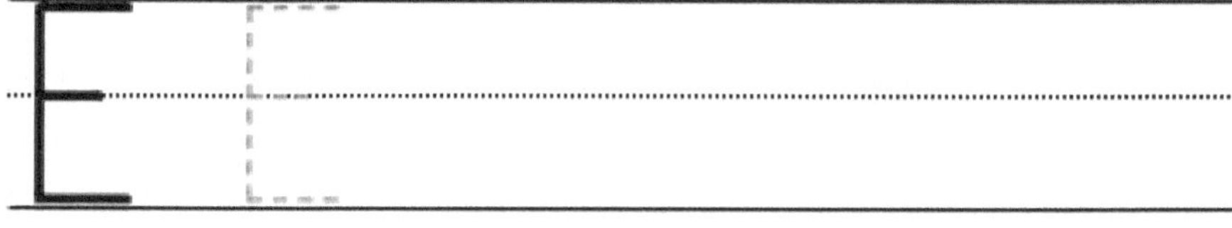

escargot

F f

F f

f

F

f

fraise

flute

G g

G G G G G G

g g g g g g g

G G

g g

girafe

gâteau

H h

H h

hibou

h

hérisson

I i

I I I I I I I

i i i i i i i i i i

I I

i i

îIe

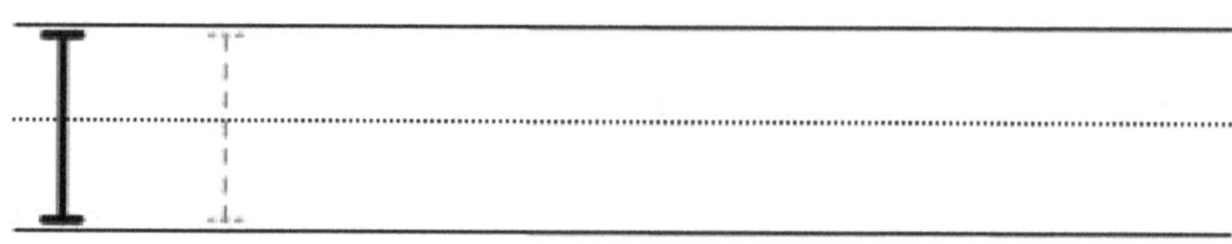

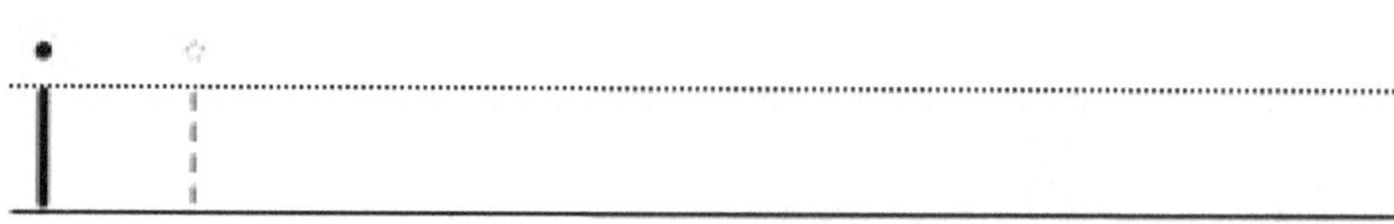

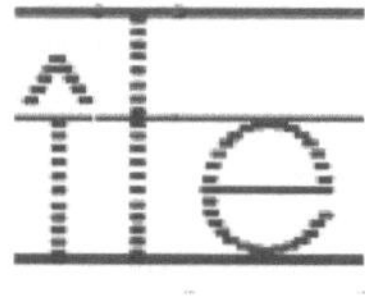

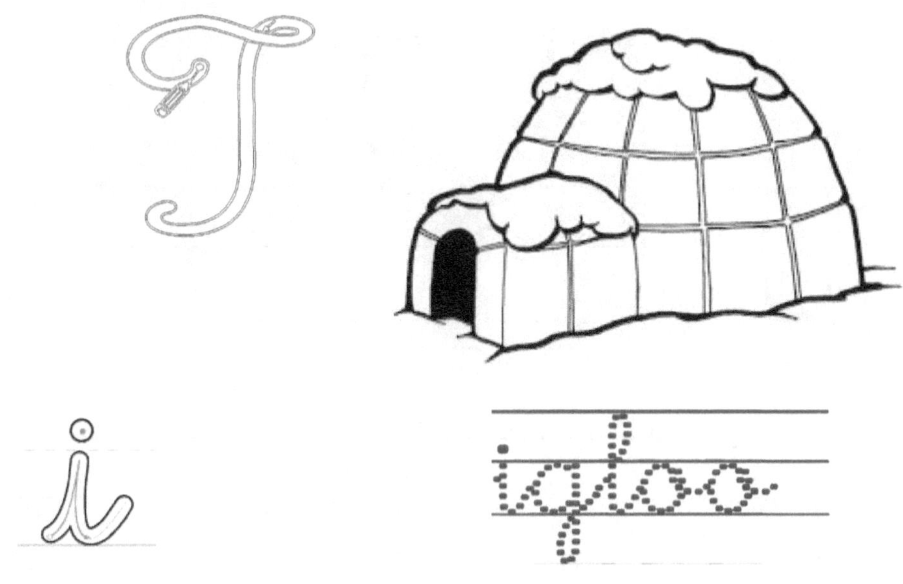

i

igloo

J j

J J

j j

J J

j j

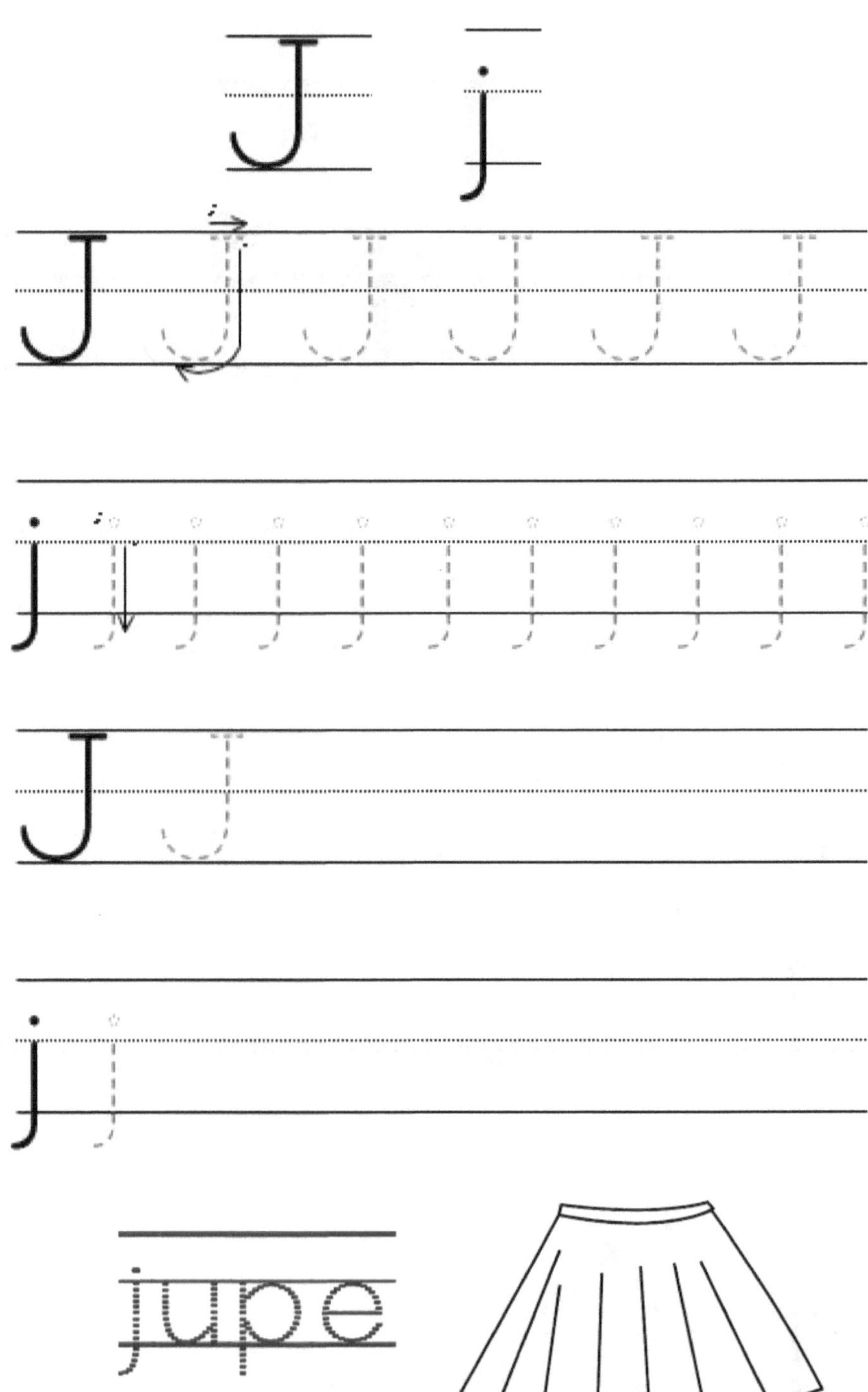

jupe

journal

K k

K

k

K

k

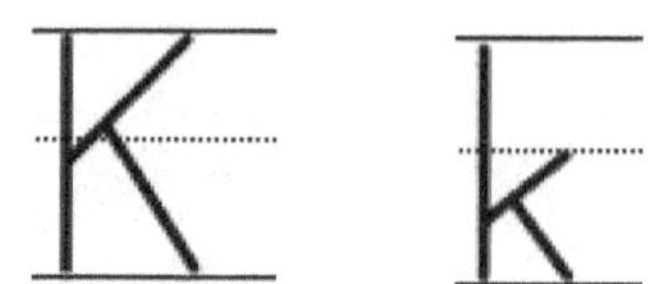

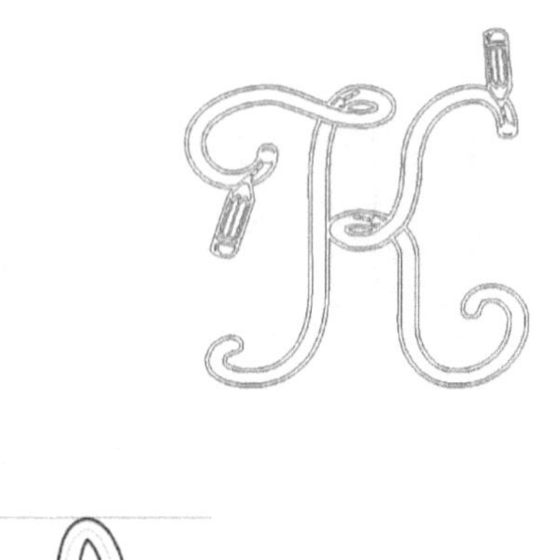

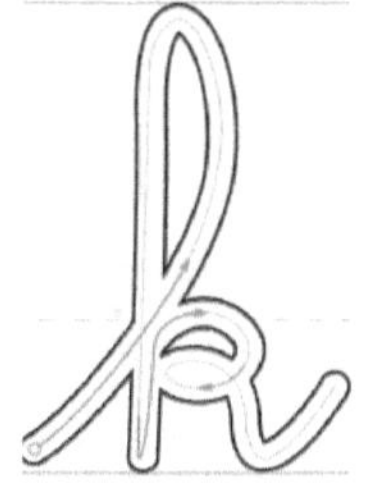

koala

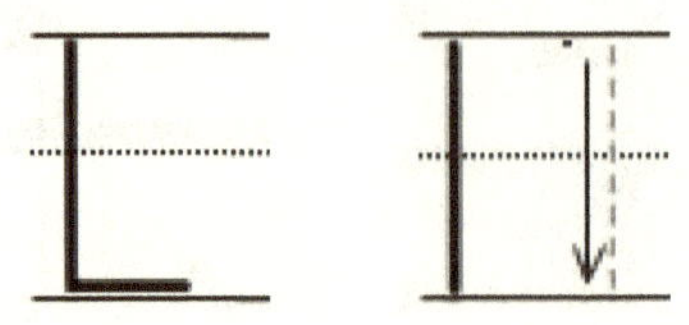

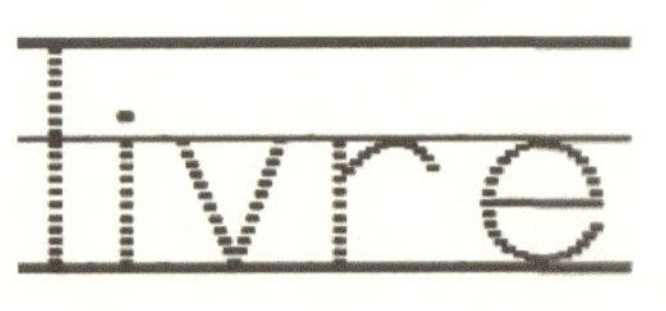

livre

lion

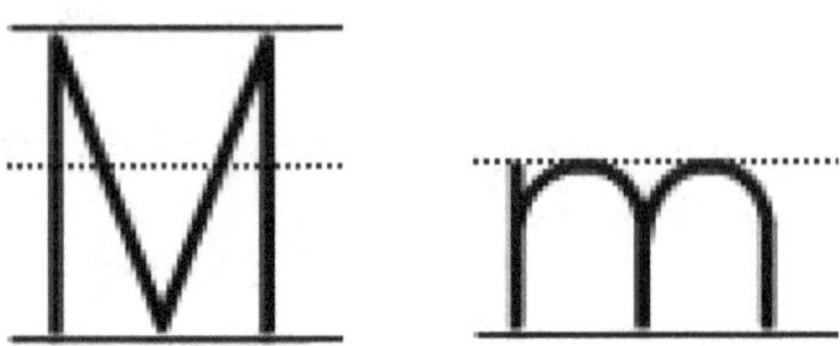

M M M M M M M M M M

m m m m m m m m

M M

m m

maison

moto

m

m

M

m

M

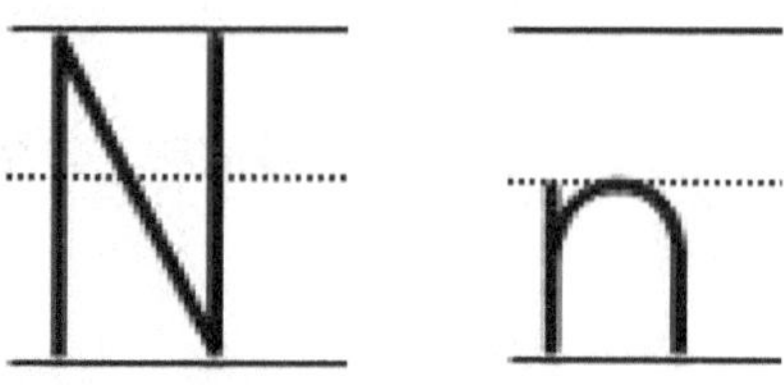

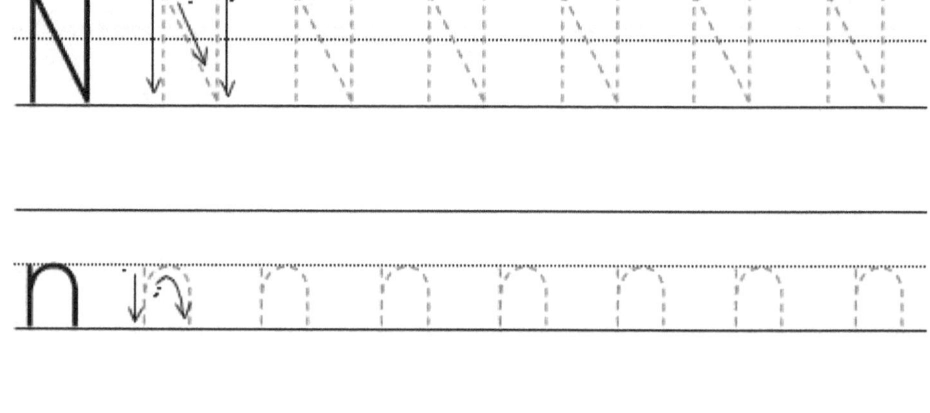

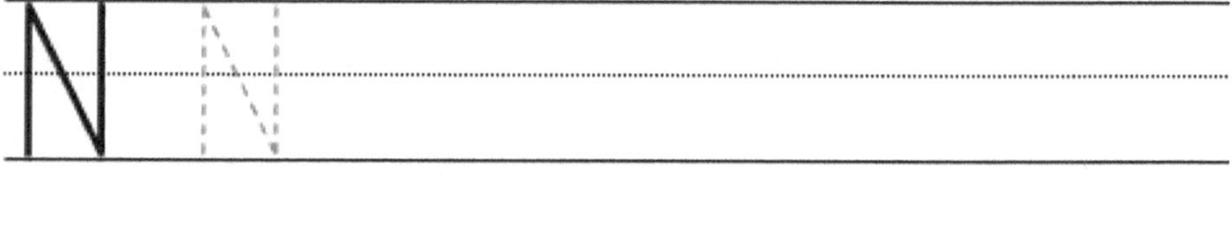

nuage

nounouna

O o

oiseau

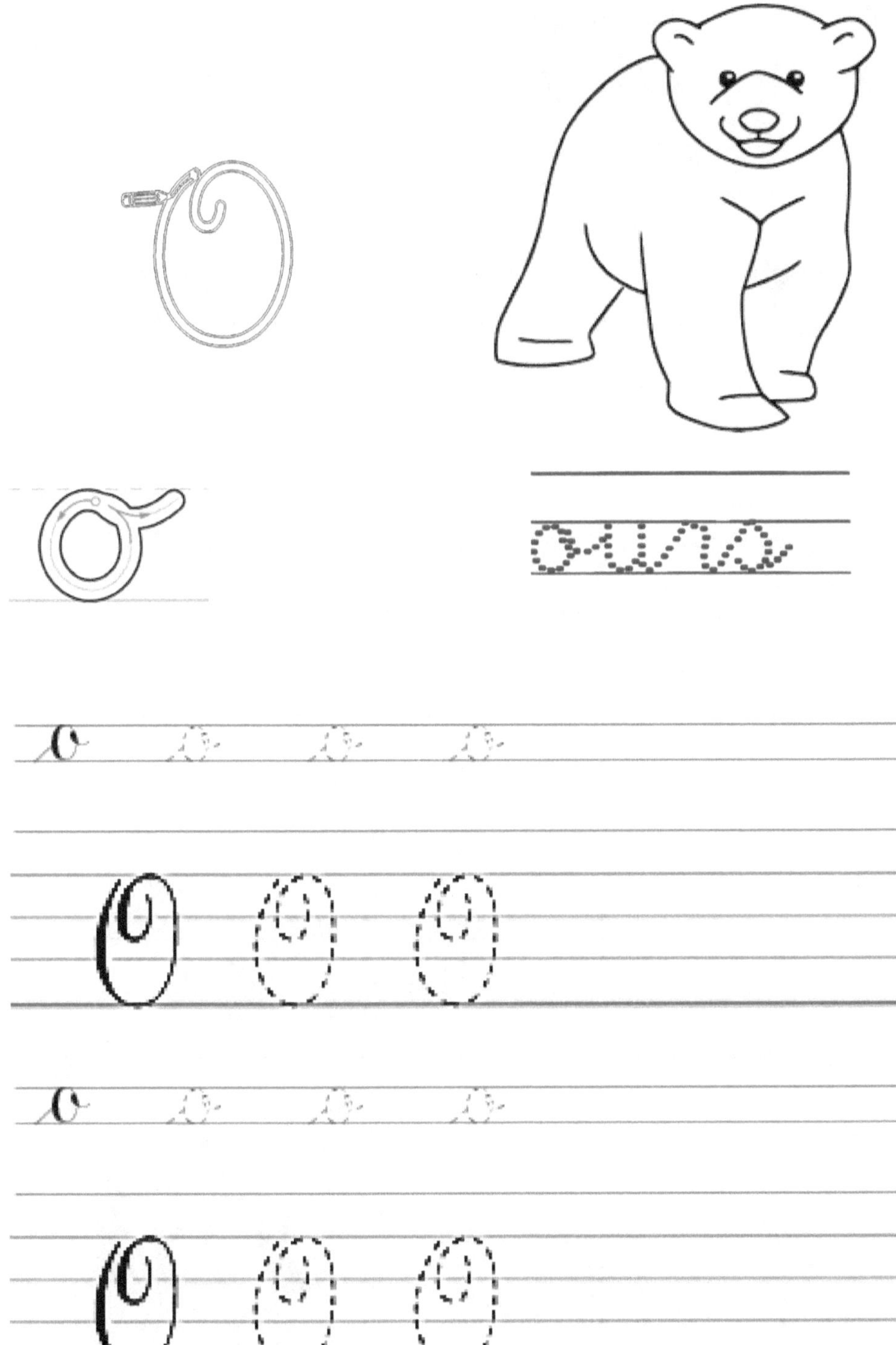

P p

P p

P p

p p

P P

p p

poisson

panda

Qq

Q q q q q q q q

q q q q q q q q

Q Q

q q

quad

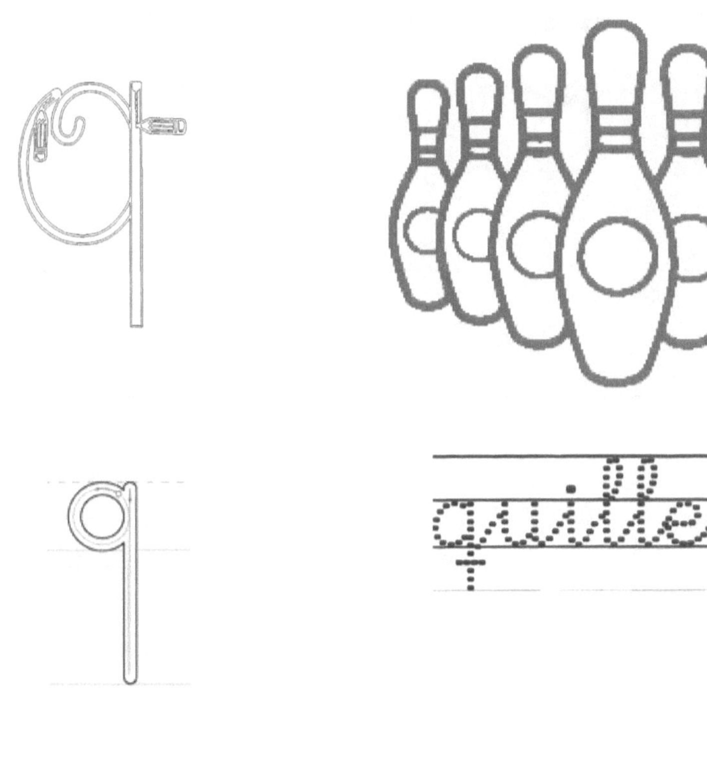

quilles

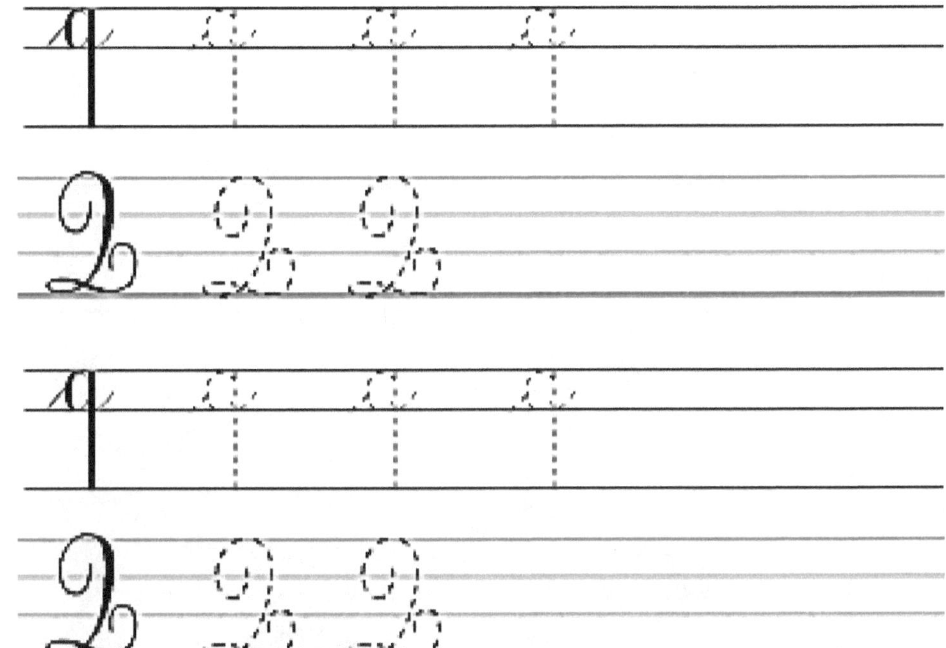

R r

R r

R R R R R R R R

r r r r r r r r r

R R

r r

requin

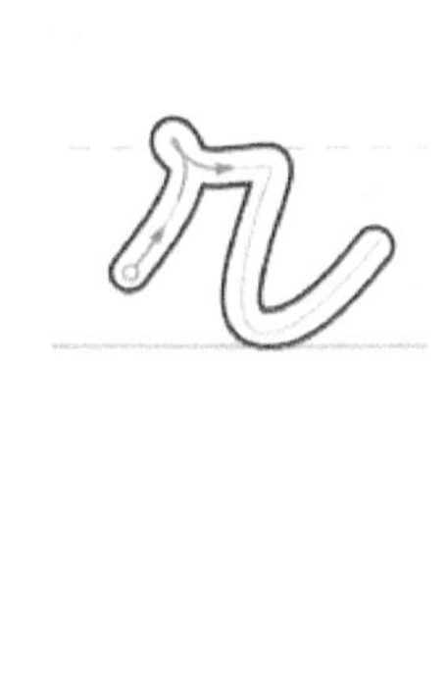

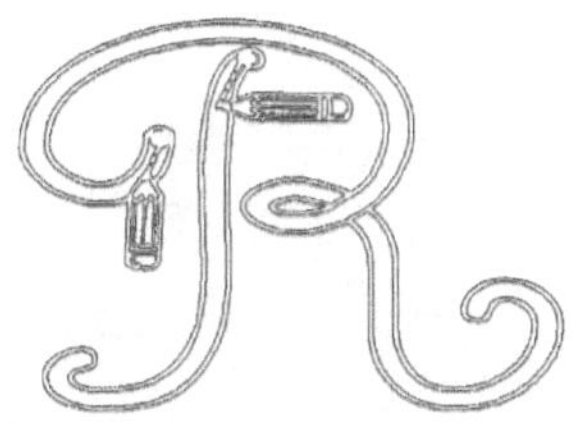

renard

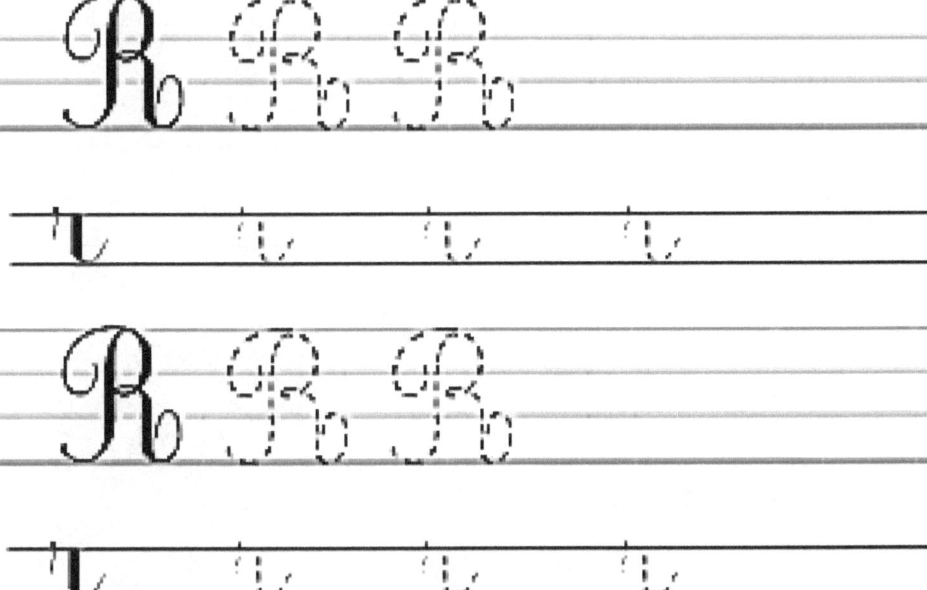

S s

S s s s s s s

s s s s s s s s

S S

s s

soleil

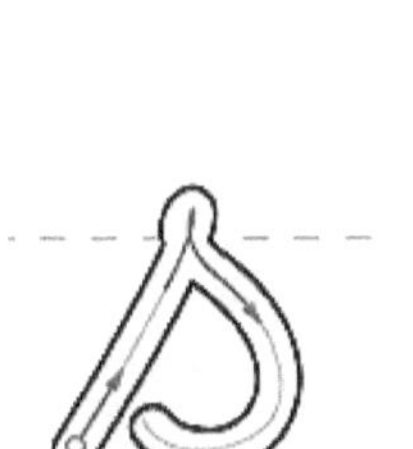

souris

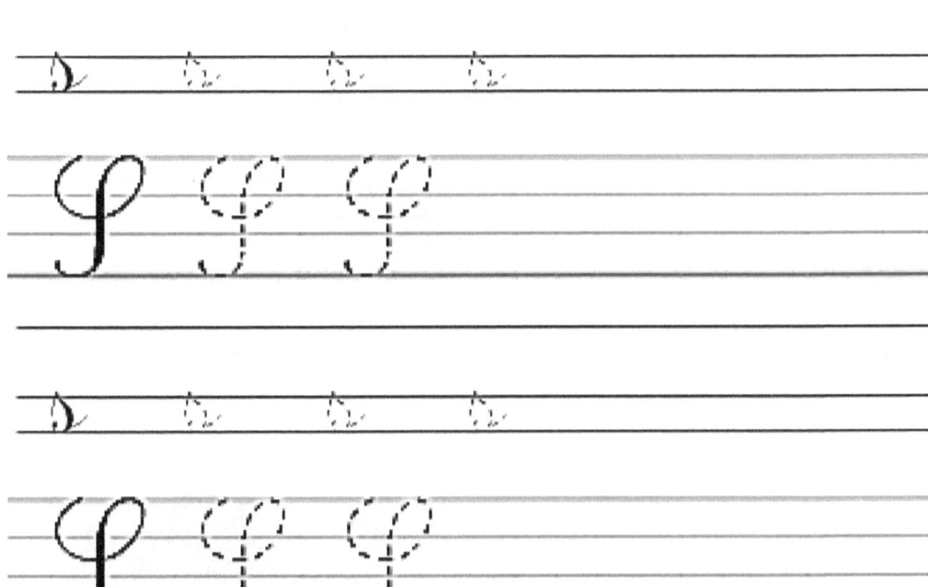

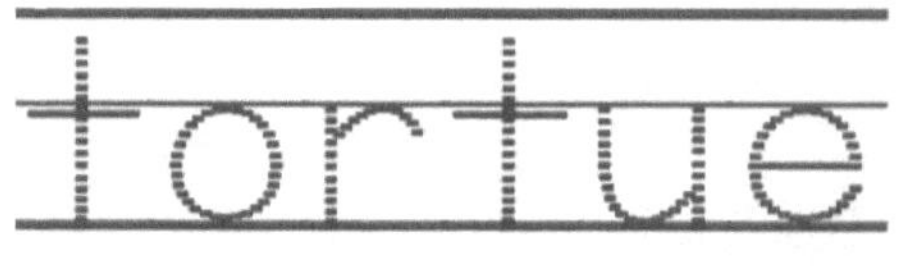

tortue

tracteur

usine

V v

violon

voiture

W w

W
w
W
w

wagon

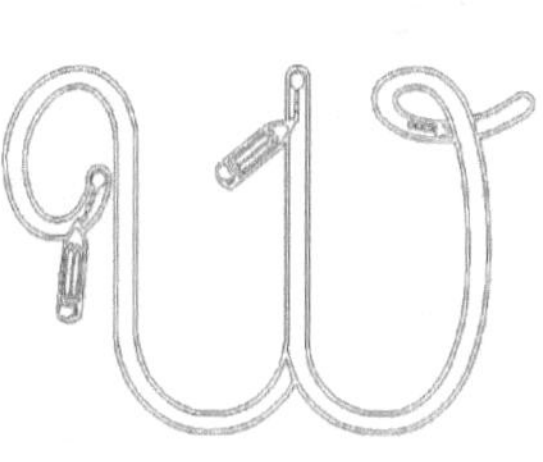

winnie

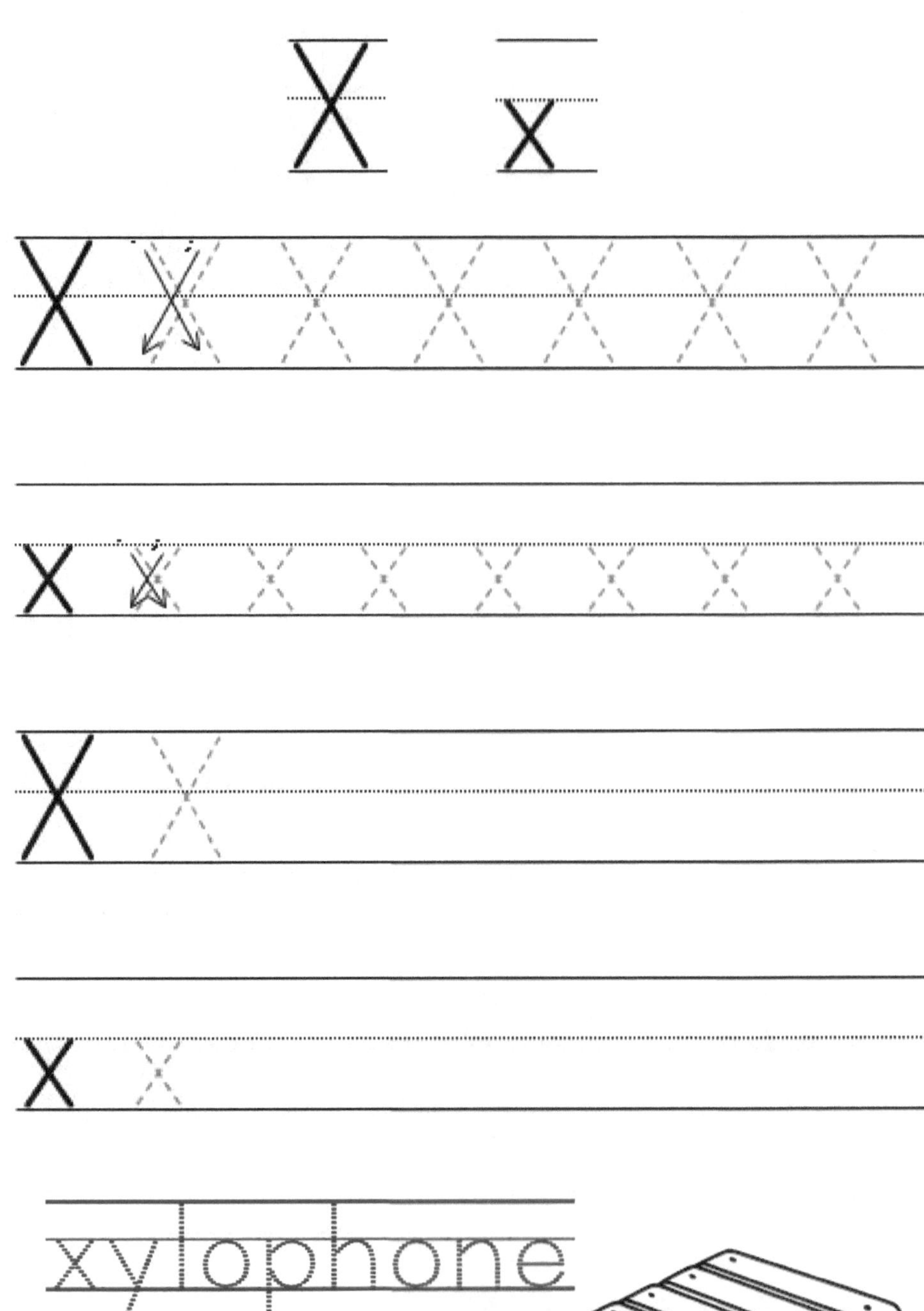

xylophone

 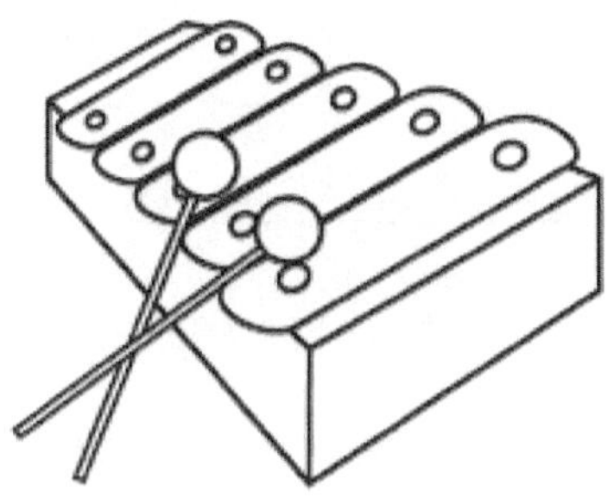

 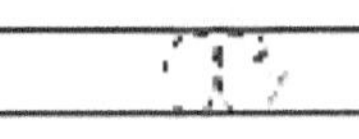 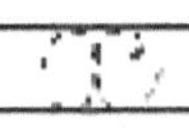

xylophone

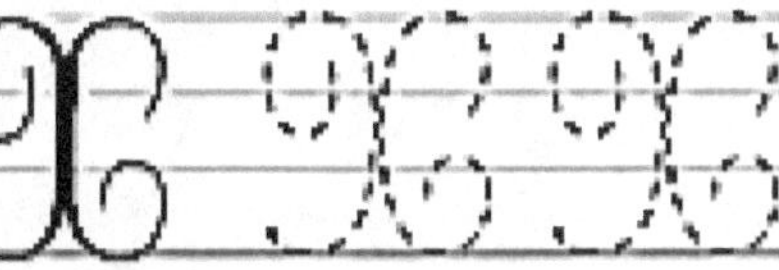 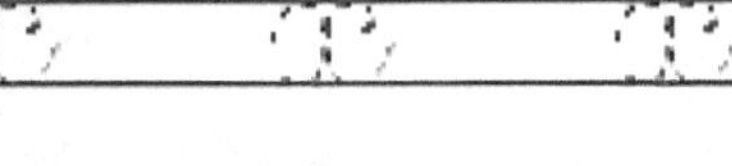

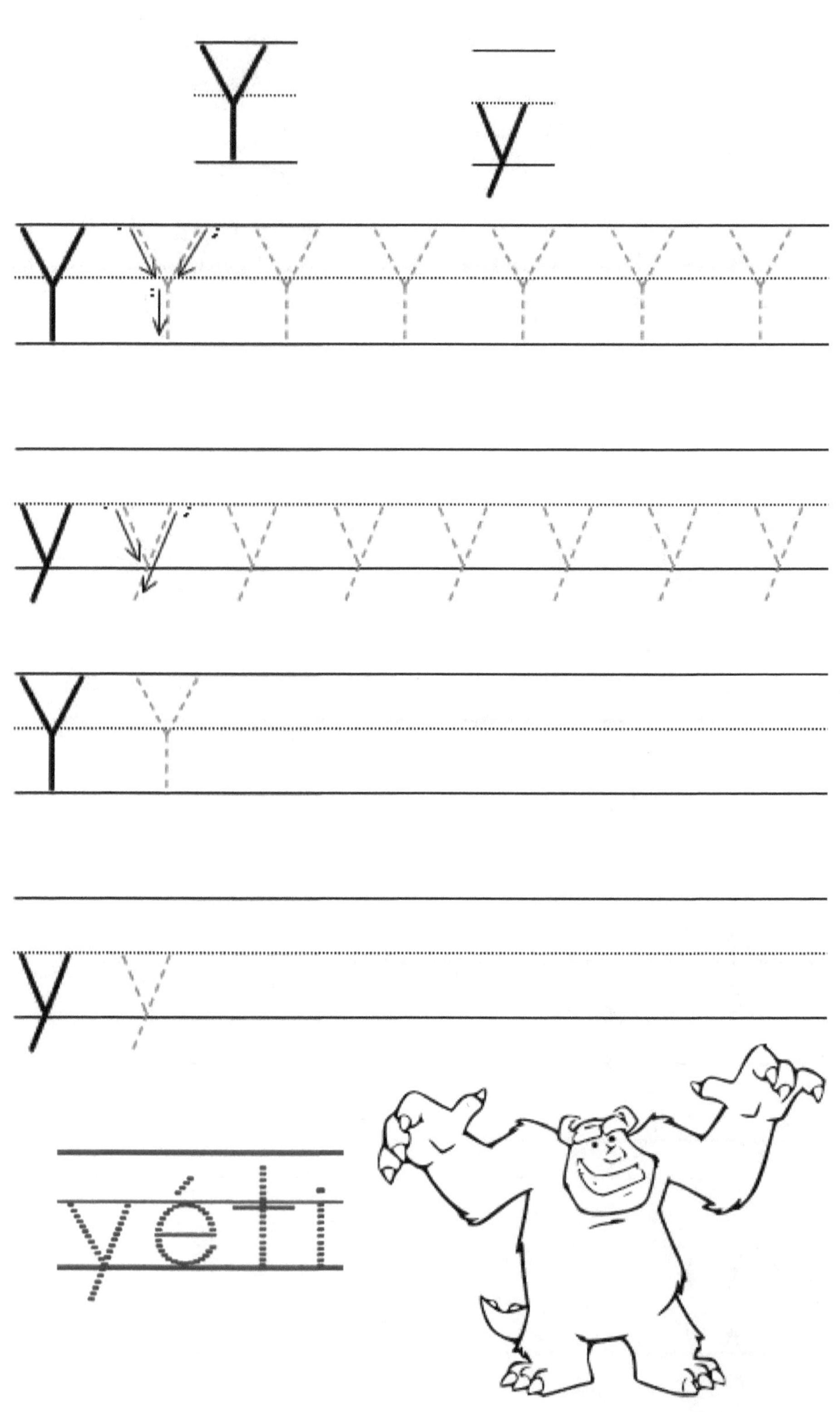

yéti

yaourt

Z z

Z

Z

Z

Z

zèbre

zèbre

0 1 2 3 4

0 1 2 3 4

0 1 2 3 4

0 1 2 3 4

5 6 7 8 9

5 6 7 8 9

5 6 7 8 9

5 6 7 8 9

Aa Bb Cc

Ee Ff Gg

Ii Jj Kk Ll

Nn Oo Pp Q

Rr Ss Tt Uu

Ww Xx Yy Zz

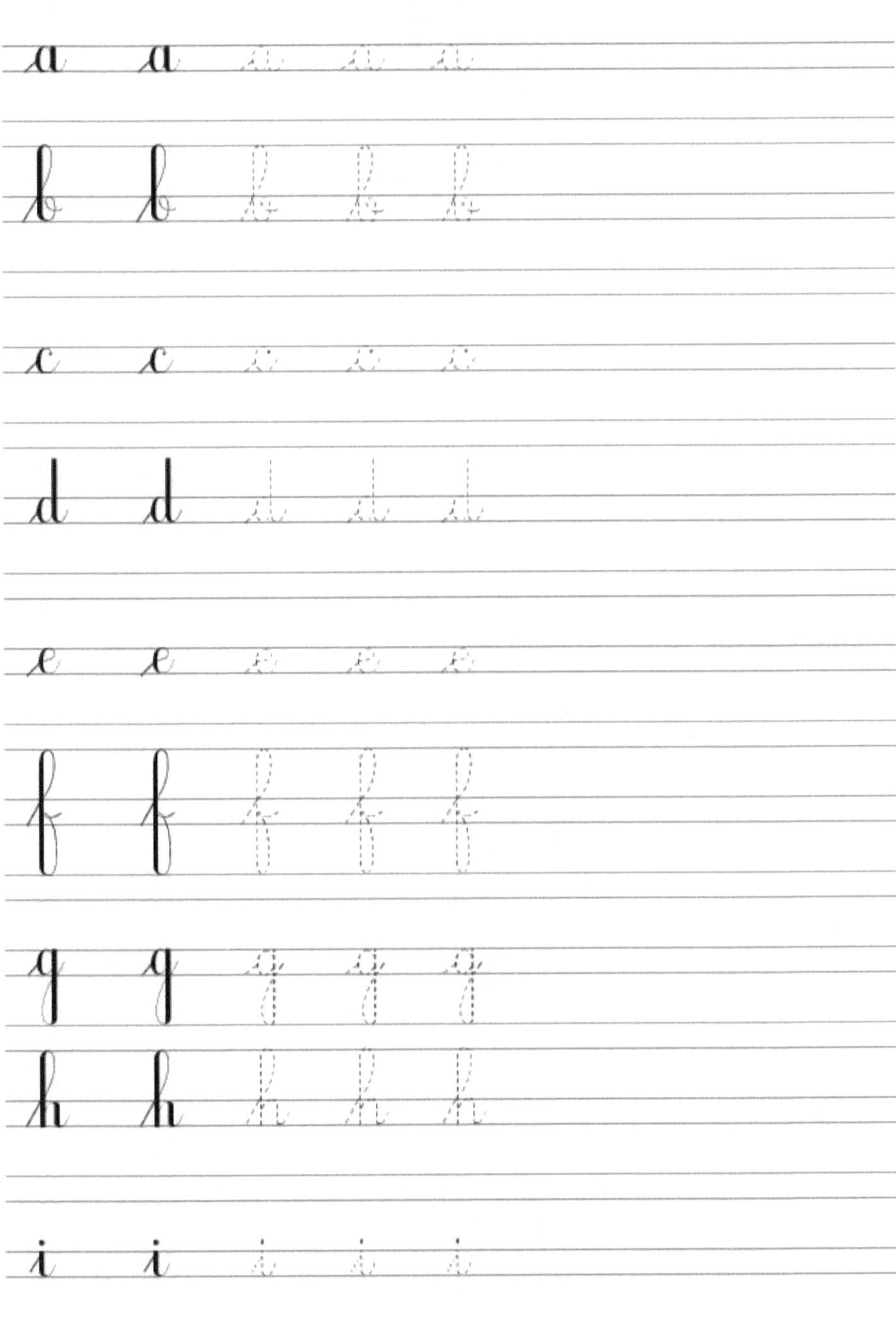

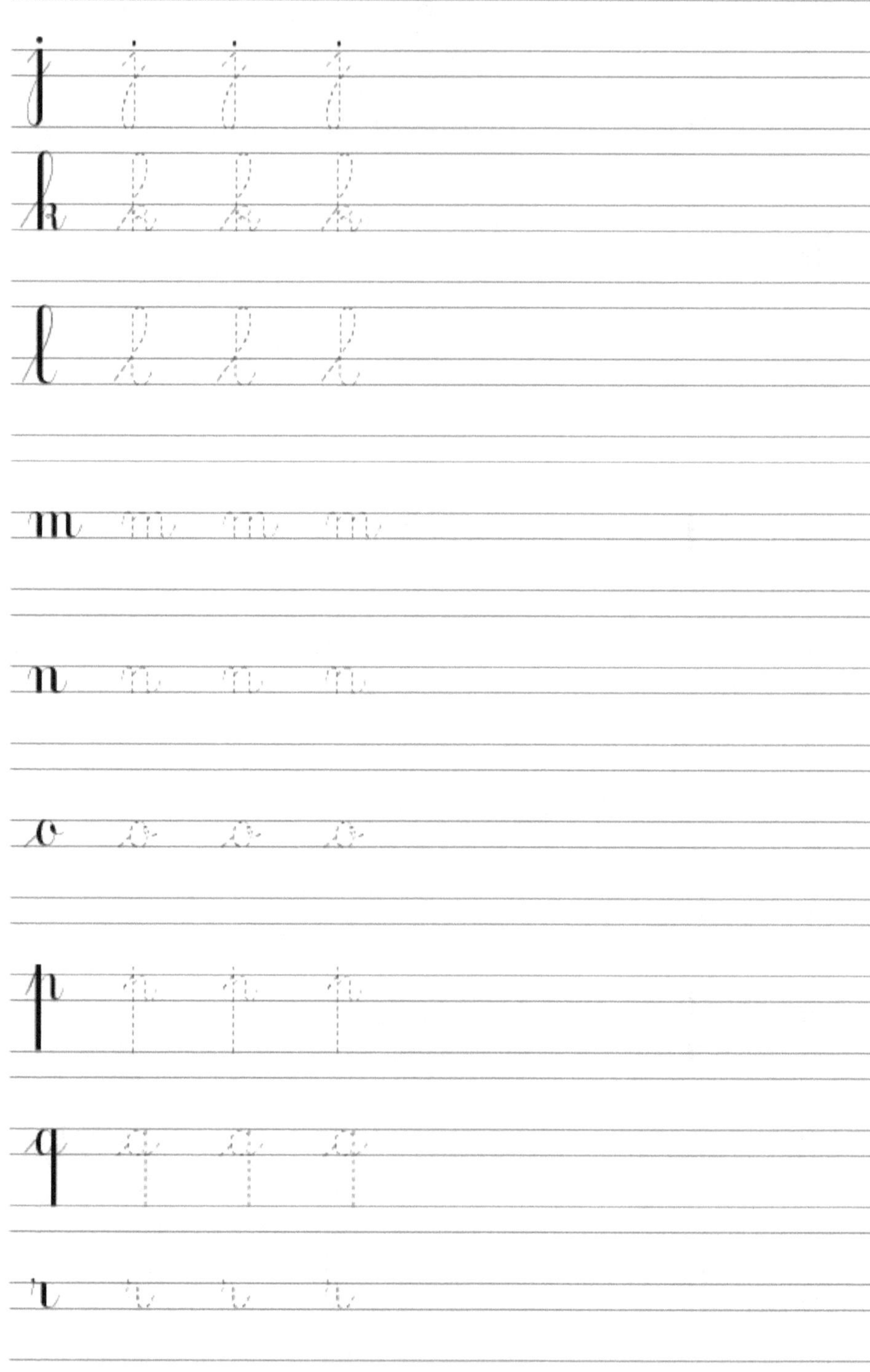

A B C D E F G

H I J K L M

N O P Q R S T

U V W X Y Z

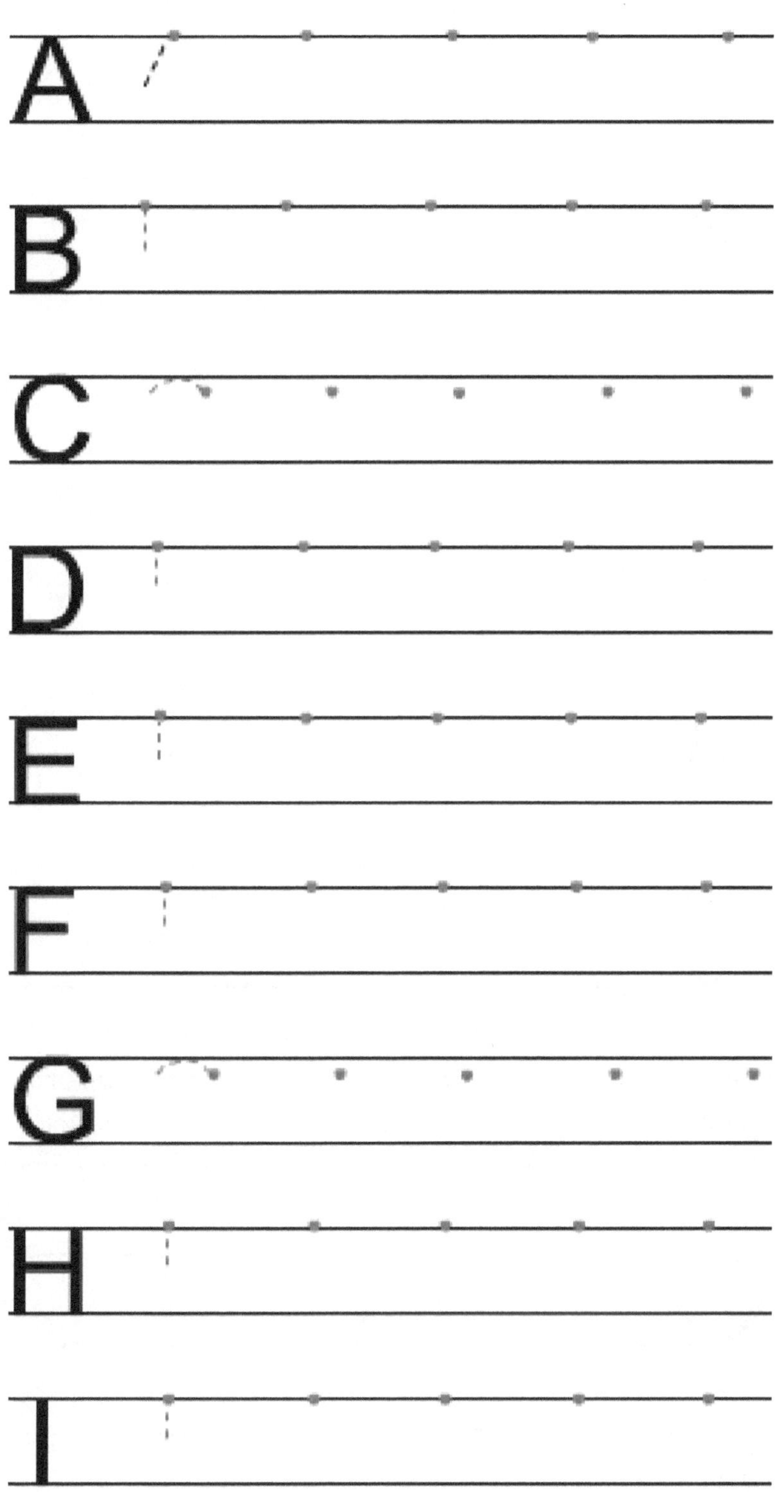

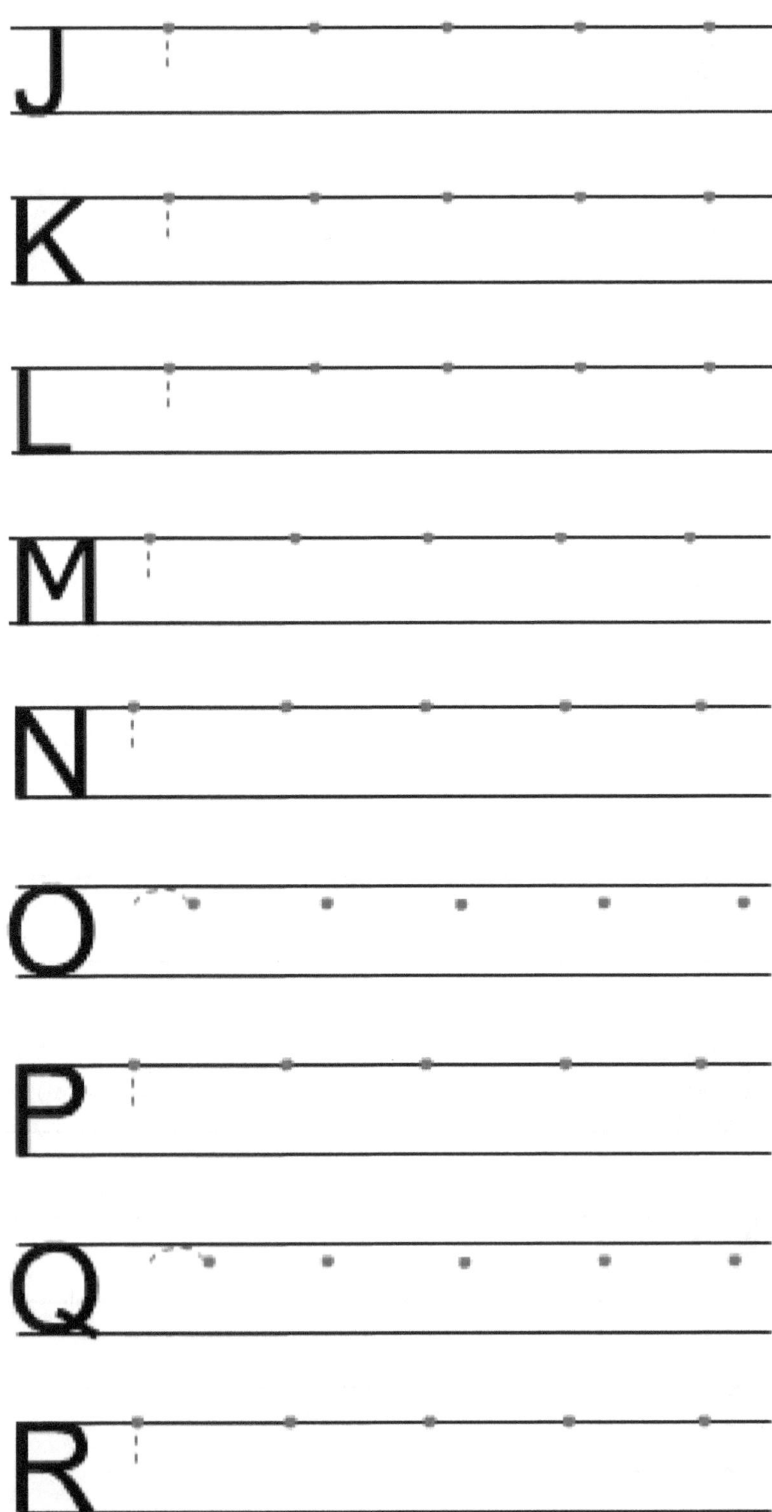

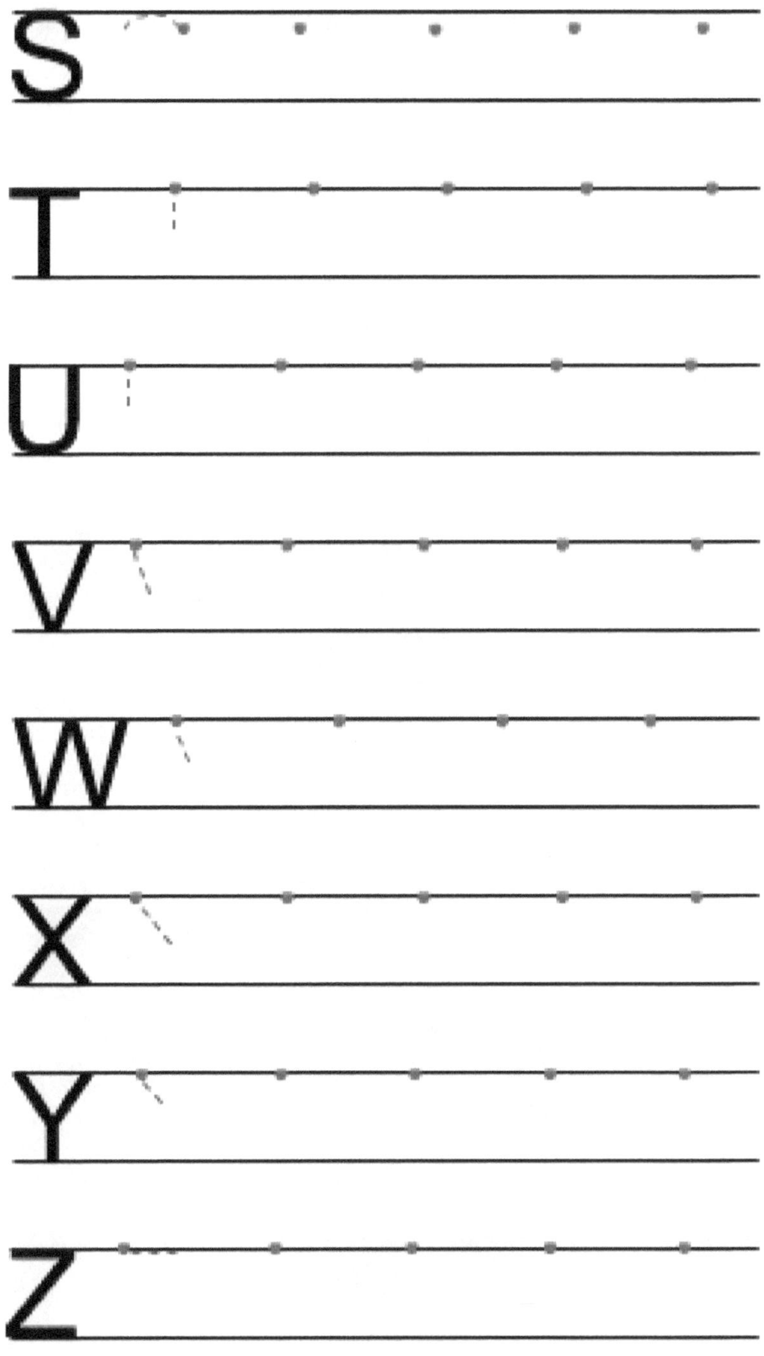